Parramón

LOS VOLCANES

PLANETA VIVO

Las palabras con un asterisco*
se explican en el glosario de las páginas 30 y 31.

Los volcanes
Primera edición: febrero 1996
© Parramón Ediciones S.A.

Dirección editorial: Jordi Vigué
Editora: Mercè Seix
Texto: Núria Roca y Marta Serrano, biólogas
Ilustraciones: Miquel Ferrón
Diseño gráfico: Beatriz Seoane
Dirección de producción: Rafael Marfil

Editado por Parramón Ediciones S.A.
Gran Via de les Corts Catalanes, 322- 324
08004 Barcelona

ISBN: 84-342-1943-3
Depósito legal: B-23.783-95
Impreso en España

Partículas procedentes de la erupción del volcán Pinatubo en junio de 1991, extendidas por todo el mundo.

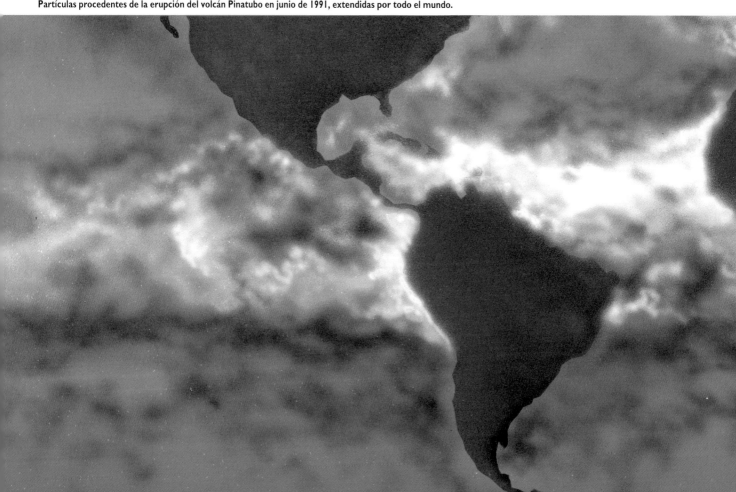

ÍNDICE

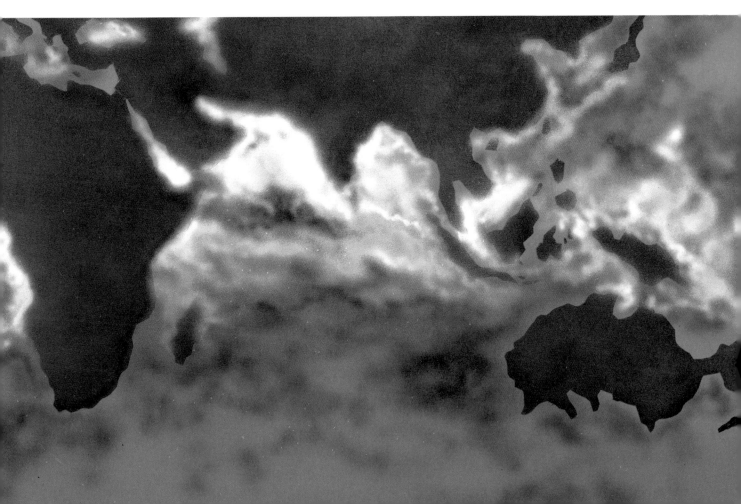

La superficie terrestre no está quieta

La mayoría de los volcanes no están distribuidos al azar, sino que se hallan ubicados a lo largo de cadenas o cinturones. Durante años, los geólogos y geógrafos no encontraron ninguna explicación válida para este fenómeno, hasta que en el siglo xx se planteó la **teoría de la tectónica de placas**. Con anterioridad, a principios de este mismo siglo, el geofísico alemán Alfred Wegener, en su teoría de la deriva continental, había propuesto que los continentes actuales se formaron a partir de la fragmentación de una gran masa única llamada **Pangea** y con el tiempo se fueron separando unos de otros hasta ocupar sus posiciones actuales. Esto último fue posible debido a que los continentes, según dicha teoría, se encontraban "flotando" sobre una corteza oceánica* viscosa.

Hace 300 millones de años

Hace 200 millones de años

Hace 60 millones de años

Presente

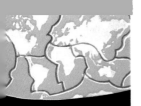

En tiempos remotos, todos los continentes estaban unidos formando una gran masa única llamada Pangea. Al dividirse ésta y ensancharse el fondo oceánico, los continentes se fueron desplazando hasta ocupar sus posiciones actuales.

En los años sesenta se estableció la teoría de la tectónica de placas antes citada, también denominada de la **expansión oceánica**. Según esta teoría, bajo los océanos existen unas cordilleras, llamadas dorsales oceánicas*, por las que aflora material procedente del manto*; dicho material se expande lateralmente generando nueva corteza terrestre*, con lo que se ensancha el océano y se separan los continentes.

1. Corteza.
2. Manto.
3. Núcleo externo.
4. Núcleo interno.

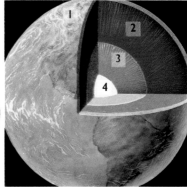

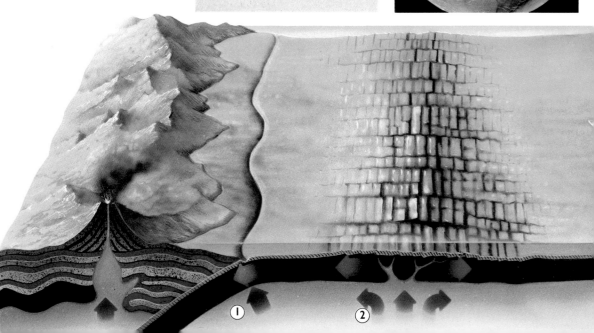

① ②

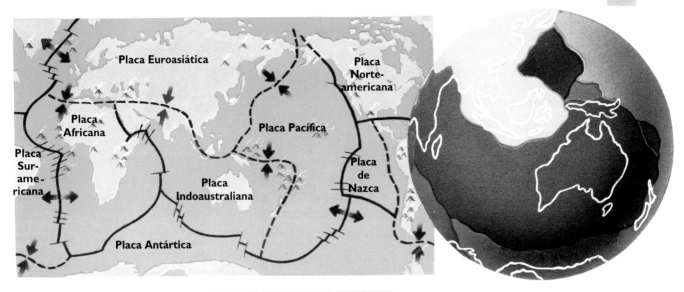

Según la teoría de la tectónica de placas, la litosfera* se halla dividida en siete placas principales y en otras más pequeñas, con un espesor que oscila entre los 50 y 100 km; todas estas placas se deslizan sobre una capa muy viscosa del manto terrestre. En las zonas de contacto entre ellas es donde existe la mayor actividad volcánica y sísmica del planeta.

1. *Zona de subducción, crea una fosa oceánica y puede originar volcanes.*

2. *Zona de separación, origina cordilleras submarinas y expansión de los fondos oceánicos.*

3. *Zona de colisión, puede originar grandes cadenas de montañas.*

4. *Deslizamiento lateral, puede originar terremotos.*

Los límites entre las placas pueden ser de tres tipos. Los **límites constructivos** o de separación son zonas donde se genera litosfera debido al afloramiento de materiales del manto; éste es el caso de las dorsales oceánicas. En cuanto a los **límites convergentes,** en unos se producen "colisiones", como en el límite de la India con la placa euroasiática, donde se formó el Himalaya, mientras que en otros se da el proceso llamado de **subducción,** en el que el borde de una placa es empujado debajo de otra, de forma que aquélla se hunde hacia el manto; en este caso, la roca, al entrar en contacto con el manto, se funde, y puede ascender hacia la superficie y formar volcanes. En los **límites conservadores,** las placas se deslizan lateralmente, provocando pequeñas sacudidas y generando terremotos.

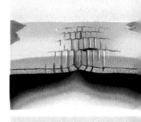

La zona de contacto entre las placas de la corteza terrestre puede ser de distintos tipos según se den fenómenos de separación, colisión o deslizamiento lateral entre ellas. En estas zonas es donde se produce la mayor actividad volcánica y sísmica del planeta.

Montañas de fuego

El **vulcanismo** es el conjunto de fenómenos relacionados con las erupciones volcánicas y con el enfriamiento y la solidificación del magma*. El término **volcán** proviene del nombre de una isla llamada Vulcano, situada en el sudoeste de Italia. Antiguamente, los romanos creían que debajo del volcán de esta isla se encontraba la fragua de Vulcano, el dios del fuego y de la metalurgia.

Un volcán es cualquier grieta de la superficie terrestre que permite que el magma aflore al exterior, así como cualquier montaña formada por causa de la actividad volcánica. En un volcán típico podemos distinguir una cámara profunda llena de magma, una chimenea y un cráter.

Actualmente se denomina volcán cualquier grieta o fisura de la corteza terrestre que comunica una cámara profunda de magma con la superficie, o bien cualquier montaña formada como consecuencia de la actividad volcánica.

Un volcán está compuesto, por una **cámara magmática,** un conducto llamado **chimenea** y una depresión denominada **cráter;** en una erupción, el magma fundido de la cámara magmática asciende por la chimenea y es expulsado al exterior a través del cráter. La montaña volcánica, o **cono volcánico,** se forma como consecuencia del enfriamiento y la acumulación de los materiales arrojados por el volcán. La cima de muchos volcanes está constituida por una **caldera,** a menudo ocupada por un lago.

Un volcán se considera potencialmente **vivo** o **activo** cuando existe la probabilidad de que vuelva a entrar en erupción, y **extinguido** o **apagado** cuando esto ya no parece posible.

En los catálogos de volcanes potencialmente activos se llegan a contabilizar más de 1.300 repartidos por todo el mundo, 50 de los cuales entran en erupción anualmente. Sus períodos de latencia o reposo, entre una erupción y la siguiente, pueden abarcar desde meses hasta siglos. Debido a la larga vida de un volcán, que puede llegar a tener más de un millón de años, deben pasar miles de años antes de poderlo considerar como "probablemente extinguido".

La vida de los volcanes presenta una serie de fases, cuya duración es distinta para cada volcán. En general, pueden distinguirse unas fases activas, en las que se observan fenómenos volcánicos, unas fases de reposo, entre una erupción y la siguiente, y finalmente una fase de extinción.

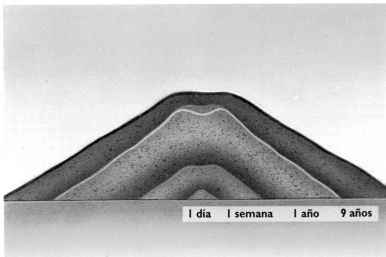

I día   I semana   I año   9 años

La erupción del **Paricutín**, en México, ofreció a los vulcanólogos* la posibilidad de estudiar las distintas fases de la vida de un volcán comprimidas en tan sólo nueve años. El Paricutín, que actualmente mide unos 350 m de altura, apareció inesperadamente en medio de un campo de labor, donde anteriormente no se había registrado nunca ninguna erupción.

Cuando la Tierra se destapa

Cuando en ocasión de una celebración cualquiera, por ejemplo el cumpleaños de un familiar, descorchamos una botella de cava, siempre observamos el mismo fenómeno: el líquido burbujeante contenido en ella sale hacia afuera con violencia. Esto es precisamente lo que ocurre, a grandes rasgos, cuando un volcán entra en **erupción.**

Cuando un volcán entra en erupción, el magma que se encuentra debajo se comporta, más o menos, como el líquido de una botella de cava cuando quitamos el corcho que lo aprisiona. Los gases que contiene se escapan hacia la atmósfera, arrastrándolo.

El magma situado bajo el volcán, al igual que el cava, contiene disueltas unas burbujas formadas por **gases** y **sustancias volátiles**[*] (agua, dióxido de carbono, ácido sulfhídrico, etc.). Dicha mezcla es posible gracias a la elevada presión existente en la profundidad en la que se encuentra el magma. Sin embargo, cuando éste se acerca a la superficie, al disminuir la presión, libera los gases que contiene, y éstos facilitan su salida al exterior. Algo parecido ocurre con el cava: cuando descorchamos la botella, reducimos la presión en el interior de su cuello, y las burbujas salen hacia afuera, arrastrando parte del líquido. Algunos de los gases expulsados en las erupciones volcánicas son inflamables, con lo que, al entrar en contacto con el oxígeno de la atmósfera, provocan **llamaradas.**

Una erupción volcánica también despide pedazos de lava solidificada. Dichos materiales son proyectados por explosiones o arrastrados por los gases que burbujean en la lava. Además, una erupción también lanza fragmentos de rocas procedentes de erupciones anteriores.

Todos estos materiales, llamados **piroclásticos,** forman en la atmósfera una especie de penacho humeante de color oscuro, que se extiende sobre el cráter del volcán y cae como si fuera lluvia sobre sus laderas, donde se deposita sobre las coladas de lava.

Así, si pudiéramos cortar un volcán por la mitad, de arriba abajo, veríamos una serie de capas de lava compacta alternadas con depósitos de materiales piroclásticos.

En una erupción, una parte del magma que sale al exterior lo hace en forma de lava, cuando es fluido y discurre por las laderas del volcán, y otra en forma de materiales piroclásticos, cuando, una vez solidificado y fragmentado, salta por los aires formando una nube.

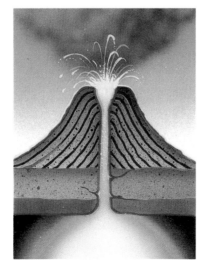

Cuando el magma que mana hacia afuera, ya sin gases, puede fluir por la superficie, recibe el nombre de **lava.** La masa de lava que avanza como un río ardiente, siguiendo la pendiente del terreno, se denomina **colada.** En ocasiones, puede abarcar decenas de kilómetros, dependiendo de su **viscosidad*** y, en el caso de los volcanes cercanos a la costa, puede llegar hasta el mar.

No todas las erupciones volcánicas son iguales

La forma en que se produce una erupción volcánica depende, básicamente, de dos factores: de la **viscosidad** del magma cerca de la superficie y de la cantidad de sustancias **volátiles** que éste contiene.

Los magmas muy fluidos forman lavas que suelen brotar libremente por el cráter del volcán, desparramándose por sus laderas. Los gases que contienen se liberan fácilmente sin provocar explosiones importantes. Con todo, cuando en los magmas poco viscosos hay muchos gases, éstos, al desprenderse, pulverizan la lava hacia el exterior. En cambio, los magmas muy viscosos suelen solidificarse cerca del cráter, o incluso en la chimenea, taponando en este caso el volcán.

Peleana

Según las características del magma, un volcán en erupción puede presentar una erupción más o menos tranquila o, por el contrario, estallar por los aires, en caso de atascarse y acumular una gran cantidad de gases.

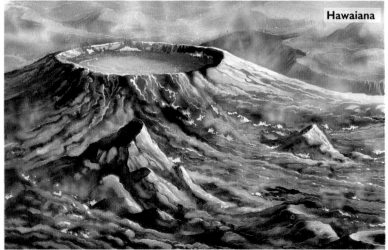

Hawaiana

Cuando esto ocurre, los gases que salen del magma se acumulan dentro del volcán, y crean una presión tan elevada, que termina por hacerlo estallar. Con los magmas muy viscosos, las erupciones son más o menos explosivas según la mayor o menor cantidad de gases liberados. Entre estos dos casos extremos existe una amplia gama de erupciones volcánicas.

Las erupciones volcánicas, según la forma cómo son expulsados los materiales volcánicos, se dividen en los cuatro tipos siguientes:

Erupción hawaiana. Las lavas, muy fluidas, se desparraman rápidamente en coladas inmensas; los gases se liberan fácilmente, y se forman pocas **cenizas volcánicas**[*]. El volcán Kilauea, en la isla de Hawai, presenta erupciones de este tipo.

Estromboliana

Erupción peleana. La lava es tan viscosa, que se solidifica en la chimenea del volcán, formando un tapón. Éste, empujado por erupciones posteriores, sube lentamente creando una cúpula o domo, que, a veces, culmina en una aguja. Al final, la presión de los gases acumulados es tan grande, que provoca una colosal explosión y una nube ardiente que lo arrasa todo a su paso.

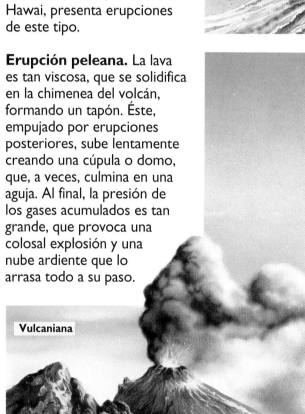
Vulcaniana

Erupción estromboliana. Las lavas, ligeramente fluidas, forman coladas poco extensas. Sus gases lanzan a la atmósfera una gran cantidad de salpicaduras de lava, que antes de caer al suelo se solidifican, formando los **lapilli** y las **bombas volcánicas**. Este tipo de erupción, que suele ser explosiva, pero no muy violenta, es característica del volcán Stromboli, en la isla italiana del mismo nombre.

Erupción vulcaniana. La lava, muy viscosa, se solidifica parcialmente cerca del cráter del volcán, donde forma una costra. Las nuevas expulsiones de lava la destruyen convirtiéndola en fragmentos muy finos, que son arrastrados por los gases desprendidos de la propia lava y forman, fuera del volcán, las típicas nubes de cenizas. El volcán Etna, en la isla de Sicilia, presenta erupciones de este tipo.

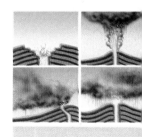

Las erupciones se dividen en cuatro tipos: hawaianas, estrombolianas, vulcanianas y peleanas, según la mayor o menor fluidez del magma expulsado, lo que hace que las explosiones que producen sean menores o mayores y que los materiales que arrojan sean de uno u otro tipo.

Otros tipos de erupciones

Además de los cuatro tipos de erupciones más conocidos, existen otros tres: las fisurales, las freáticas y las submarinas.

Las erupciones **fisurales** son las que tienen lugar a lo largo de fracturas o grietas de la corteza terrestre, que pueden alcanzar hasta 25 km de longitud. Los gases disueltos en el magma originan espectaculares surtidores de lava en toda la extensión de dichas grietas. La lava, por lo general muy fluida, forma coladas que se extienden horizontalmente a través de muchos kilómetros, inundando comarcas enteras.
Estas erupciones son raras en la actualidad; únicamente en Islandia se conocen algunas emisiones de este tipo en fecha histórica (1783), aunque en otras épocas fueron las responsables de la formación de gran parte de la isla.

Erupción fisural

Existen otros tres tipos de erupciones: las fisurales, en las que la lava fluye a lo largo de una grieta más o menos larga; las freáticas, que pueden provocar explosiones muy espectaculares debido a la gran cantidad de vapor de agua que se acumula bajo el volcán, y...

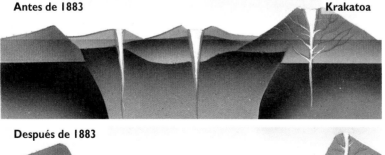

Antes de 1883   Krakatoa

Después de 1883

Las erupciones **freáticas** se producen cuando el magma, en su ascenso hacia la superficie, entra en contacto con rocas del subsuelo saturadas de agua. Debido a la elevada temperatura del magma, se origina una gran cantidad de vapor de agua, que se va acumulando a una fuerte presión. Dicha acumulación puede provocar una gran explosión, como la de la isla indonesia de Krakatoa.

En cuanto a las **erupciones submarinas,** las que son muy profundas normalmente no producen explosiones, ya que la presión del agua retrasa la rápida expansión de los gases. La lava fluye silenciosamente, se solidifica al entrar en contacto con el agua y forma así una costra superficial, que se va agrietando a medida que llega nueva lava bajo su superficie.

En cambio, en las erupciones submarinas menos profundas, las explosiones tienden a ser más violentas, proyectando sobre la superficie del mar surtidores de vapor de agua y cenizas. Como resultado de las erupciones submarinas pueden aparecer islas volcánicas, que a menudo son destruidas por la acción del mar, debido a la escasa consistencia de sus rocas.

... las erupciones submarinas, que pueden pasan desapercibidas, ya que sólo proyectan material a la superficie de forma explosiva cuando son poco profundas.

Surtsey

Un ejemplo conocido de isla formada a partir de un volcán submarino es la isla de **Surtsey,** en Islandia. Después de unos días de erupciones silenciosas, el cono volcánico salió a la superficie, con lo que empezaron las explosiones. Tras diez días de erupción superficial, el volcán Surtsey era ya una isla de 900 m de largo por 650 m de ancho, que contaba con un cráter de unos 100 m de altura.

Cuando los volcanes se apaciguan

De las cavidades que recorren las paredes del volcán manan nubes gaseosas que reciben el nombre de fumarolas. Éstas se clasifican atendiendo a su composición química y, sobre todo, a su temperatura.

Cuando cesa la actividad eruptiva de un volcán, se siguen produciendo fenómenos relacionados con el vulcanismo, como son las fumarolas, las fuentes termales y los géiseres. Los gases expulsados durante la actividad volcánica siguen escapándose mucho tiempo después por las grietas y fisuras del volcán. Estas emanaciones gaseosas se denominan, genéricamente, **fumarolas.**

Según la temperatura y la composición de los gases que contienen, las fumarolas se clasifican en distintos tipos. Por debajo de los 200 °C aparecen las **solfataras,** que desprenden gases sulfurados y producen depósitos de azufre, que suelen ser explotados. Otro tipo de fumarolas son las llamadas **mofetas,** que desprenden dióxido de carbono y algo de monóxido de carbono a temperatura

ambiente. En algunos lugares, los gases desprendidos se acumulan en depresiones del terreno, de forma que todos los animales que penetran en ellos mueren asfixiados; ejemplos de estos parajes son la grieta del Perro, cerca de Nápoles, y el valle de la Muerte, en la Isla de Java.

La mayoría de **las fuentes termales** y de los géiseres están en relación con la actividad volcánica o con la presencia de magma a poca profundidad. El agua subterránea se calienta al pasar cerca del magma y asciende a través de las fracturas de las rocas hasta la superficie, donde da origen a las fuentes termales. Las sustancias disueltas en ella precipitan en su salida al exterior formando depósitos minerales.

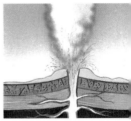

En las fuentes termales, el agua calentada por el magma aflora tranquilamente al exterior, mientras que en los géiseres sale proyectada intermitente-mente en forma de chorro junto con vapor.

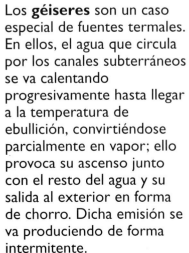

Los **géiseres** son un caso especial de fuentes termales. En ellos, el agua que circula por los canales subterráneos se va calentando progresivamente hasta llegar a la temperatura de ebullición, convirtiéndose parcialmente en vapor; ello provoca su ascenso junto con el resto del agua y su salida al exterior en forma de chorro. Dicha emisión se va produciendo de forma intermitente.

Fábrica de rocas

Los volcanes no sólo crean o modifican el relieve, sino que también originan rocas. Éstas se distribuyen en dos grupos principales: las **rocas piroclásticas,** que están formadas a partir de materiales sólidos, proyectados por los volcanes, y las **rocas volcánicas,** que son el resultado de la solidificación del magma expulsado por éstos.

Bomba volcánica

Las rocas que se originan como consecuencia de la actividad volcánica se dividen en piroclásticas y volcánicas. Las primeras se forman a partir de materiales sólidos arrojados por el volcán. Entre ellas se encuentran las bombas volcánicas, el lapilli y las cenizas volcánicas.

Rocas piroclásticas

Estas rocas se forman al unirse fragmentos de lava solidificada o bien por la consolidación, total o parcial, de lava líquida proyectada antes de llegar al suelo. Entre las rocas piroclásticas se hallan las **bombas volcánicas,** que son trozos de lava reciente que permanecen incandescentes y blandos durante el vuelo. Algunas bombas adquieren formas retorcidas al enroscarse en el aire, mientras que otras, llamadas de "pan agrietado", presentan una costra superficial agrietada y un interior todavía no solidificado. El **lapilli,** en italiano "piedrecitas", resulta de la proyección de pequeños fragmentos de lava del tamaño de un guisante. Las **cenizas volcánicas** se forman cuando la lava se ha pulverizado, de modo que las partículas resultantes pueden ser arrastradas por el viento.

Mantos de lapilli

Nube de cenizas del volcán Agustine

Colada de basalto

Las rocas volcánicas más importantes son: el basalto, cuyas coladas de largas columnas hexagonales son fácilmente reconocibles, la piedra pómez, ligera y "esponjosa", y la obsidiana, también llamada vidrio volcánico.

Rocas volcánicas

Estas rocas son el resultado de la solidificación de la lava al enfriarse. Los tipos principales de rocas volcánicas son el basalto, la piedra pómez y la obsidiana.

El **basalto** es una roca de color oscuro y muy compacta que ocupa grandes exten-siones en las áreas volcánicas. Las coladas basálticas se encuentran divididas en columnas hexagonales.

La **piedra pómez**, es una roca áspera al tacto, con la que se puede pulimentar la madera y el acero. Su gran número de cavidades le da un aspecto parecido al de una esponja, y debido a su ligereza puede flotar en el agua.

Finalmente, la **obsidiana** es un vidrio natural y presenta un aspecto muy compacto y cortante. En otros tiempos, se utilizaba para fabricar herramientas.

Coladas piroclásticas, avalanchas y coladas de barro

Las coladas de lava emitidas por los volcanes siguen la pendiente del terreno. Los diferentes tipos de lava dependen de la combinación de tres factores: el flujo, la solidificación y la expulsión de gases.
Uno de los tipos de lava es la denominada **aa,** cuya parte superficial se solidifica rápidamente formando gruesos apilamientos caóticos de bloques angulosos y sueltos.

La lava **pahoehoe,** o cordada, se forma cuando el enfriamiento es lento y los gases no son expulsados de forma violenta. Al solidificarse, adquiere formas más o menos estriadas semejantes a los rollos de una cuerda. Por debajo de su costra superficial, la lava caliente sigue fluyendo a través de túneles, que una vez solidificados originan una red de cuevas y pasadizos.

aa

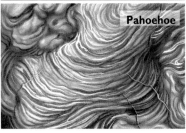
Pahoehoe

Existen distintos tipos de lava, según su flujo, su manera de solidificarse y su forma de expulsar los gases. La lava pahoehoe suele ser delgada y tiene una superficie en forma de rollos de cuerda. La lava aa tiene mayor espesor y es más viscosa y fragmentada.

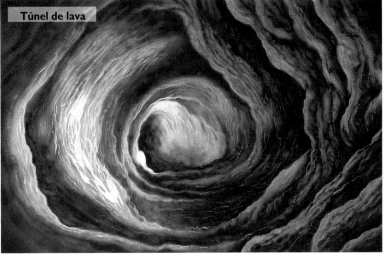
Túnel de lava

Nube ardiente

Las erupciones volcánicas más destructivas e imponentes son las que producen coladas piroclásticas, avalanchas y coladas de barro.
Las **coladas piroclásticas** son mezclas agitadas de materiales volcánicos ardientes y gases. Estas coladas, más pesadas que el aire, se precipitan por las laderas de algunos volcanes. Según los materiales que arrastran, reciben distintos nombres: alud ardiente, nube ardiente, colada de ceniza, etc. Los depósitos de estas coladas tienden a acumularse en depresiones del terreno. Las coladas piroclásticas tienen temperaturas que oscilan entre los 100 y los 800 °C, y pueden alcanzar velocidades de hasta 200 km/h. Constituyen una fuerza casi irresistible capaz de aniquilar ciudades enteras.

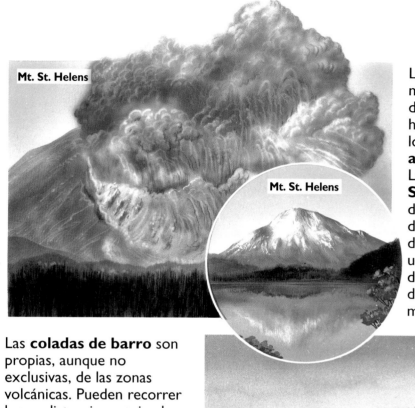

Mt. St. Helens

Mt. St. Helens

Las erupciones volcánicas a menudo provocan el deslizamiento de rocas, hielo, nieve, tierra y árboles, lo que recibe el nombre de **alud de derrubios***.
La erupción del **Mount St. Helens**, en el Estado de Washington, provocó el desplome de la cara norte de este volcán, ocasionando un gigantesco alud de derrubios que formó depósitos con un espesor medio de 45 m.

Las **coladas de barro** son propias, aunque no exclusivas, de las zonas volcánicas. Pueden recorrer largas distancias, poniendo a menudo en peligro vidas humanas, como ocurrió en 1985, tras la erupción del Nevado del Ruiz, en Colombia. El Ruiz es un amplio volcán cuya cima se halla cubierta de hielo y nieve. Después de una erupción moderada, un manto de pumitas y cenizas fundió grandes volúmenes de hielo y nieve de su cima. El agua se precipitó por las laderas levantando y removiendo el suelo, hasta convertirse en un devastador alud de barro que sepultó la ciudad de Armero y a sus 22.000 habitantes, después de dos horas de iniciar el descenso. Las coladas de barro pueden alcanzar velocidades de entre 30 y 40 km/h cuando salvan grandes desniveles.

Nevado del Ruiz

Los volcanes provocan a menudo aludes de derrubios, ocasionados por las explosiones que acompañan a sus erupciones. En otros casos, la elevada temperatura de los productos expulsados origina coladas de barro al derretir el hielo y la nieve que cubre sus cimas.

Volcanes que han hecho historia

El **Kilauea**, en Hawai, es el volcán que ha sido estudiado más de cerca, debido a su fácil acceso y al escaso riesgo que presenta.
En 100.000 años ha crecido 1.243 m por encima del nivel del mar. Hasta 1924 estuvo casi constantemente en erupción durante cientos de años, con un lago activo de lava que colmaba su cima. Hoy en día está declarado parque nacional y centro de estudios volcánicos.

Kilauea

**El Vesubio, a lo largo de su historia, ha experimentado erupciones muy violentas.
Por el contrario, debido al poco riesgo que representa, el volcán Kilauea acoge en su borde el centro vulcanológico de Hawai.**

Vesubio

El primer documento escrito sobre una erupción volcánica de envergadura es, posiblemente, la carta que escribió Plinio el Joven acerca de la erupción que tuvo lugar en el año 79 d.C. en el **Vesubio.**
Tras un período de reposo de unos 1.000 años, este volcán entró en erupción, enterrando bajo una capa de pumitas y otra de colada piroclástica las ciudades de Pompeya y Herculano, y sus habitantes. Ambas ciudades quedaron sepultadas, hasta que accidentalmente, en 1709, fueron redescubiertas. Después de esta erupción, el Vesubio sólo volvió a reavivarse de forma violenta en dos ocasiones, hasta que a partir del año 1631 adoptó su actual actividad cíclica. Sus tres últimas grandes erupciones se produjeron en 1872, 1906 y 1944, arrasando ésta última la ciudad de San Sebastiano.

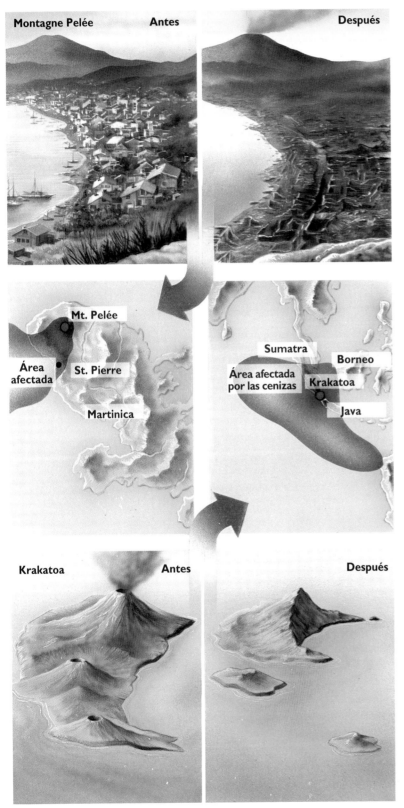

Montagne Pelée — Antes — Después

Mt. Pelée
Área afectada
St. Pierre
Martinica

Sumatra
Borneo
Área afectada por las cenizas
Krakatoa
Java

Krakatoa — Antes — Después

A principios de la primavera de 1902, la **Montagne Pelée,** situada en la isla caribeña de Martinica, entró en erupción. Después de varias erupciones moderadas, el volcán provocó un enorme alud ardiente, precedido de una explosión excepcional, que descendió por sus laderas hasta llegar a Saint-Pierre. En pocos minutos toda la ciudad y sus más de 30.000 habitantes fueron totalmente aniquilados.

El **Krakatoa,** una isla desierta, situada entre Java y Sumatra, es un volcán insular de Indonesia. En agosto de 1883, tras varios meses de erupciones intermitentes, el Krakatoa sufrió una fortísima explosión que llegó a oírse incluso en Australia, a 5.000 km de distancia, y formó una extensísima nube de piedra pómez y ceniza resplandeciente de hasta 80 km de altura. El polvo volcánico que llegó a la estratosfera* dio la vuelta a la Tierra en dos semanas. Los tsunamis* (olas gigantescas) provocados por la explosión, arrasaron las costas de Java y Sumatra, provocando la muerte a unas 36.000 personas. Después de la explosión se comprobó que habían desaparecido dos terceras partes de la isla, debido a su hundimiento en la cámara magmática vaciada del volcán.

En 1883, en Java y Sumatra, las gigantescas olas provocadas por la explosión del Krakatoa causaron la muerte a muchas personas. En 1902, la ciudad de Saint-Pierre, fue totalmente devastada por el alud ardiente producido tras la erupción de la Montagne Pelée.

El lado positivo de los volcanes

A medida que el magma se va solidificando, expulsa gases y otros elementos que se disuelven en el agua caliente que circula bajo el suelo. Entre estos elementos se encuentran el oro, la plata, el mercurio, el cobre, el plomo y el cinc. Cuando el agua llega a un lugar donde se dan las condiciones necesarias, dichos elementos precipitan y se concentran, creando **yacimientos minerales**. Así es como se van acumulando lentamente los metales preciosos. El magma aporta el calor, el agua, el transporte, y determinados emplazamientos subterráneos, el lugar de almacenamiento de éstos. Los diamantes también deben su génesis a procesos volcánicos, aunque todavía no se conoce el proceso global de su origen.

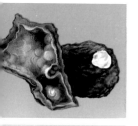

En el magma se encuentran algunos metales preciosos que dan origen a yacimientos. Otra de las aportaciones de la actividad volcánica es la energía geotérmica, que permite producir energía eléctrica.

La **energía geotérmica** es la energía calorífica existente en el interior de la Tierra. En la mayoría de las zonas que no son volcánicas, el incremento de la temperatura con la profundidad es pequeño. En las zonas volcánicas, en cambio, el agua subterránea puede calentarse hasta los 300 °C a tan sólo 1 ó 2 km de la superficie. El agua que se halla a esta temperatura se puede utilizar para producir energía eléctrica o para alimentar los sistemas de calefacción. En Reikiavik, la capital de Islandia, dichos sistemas funcionan, casi por completo, mediante la conducción de agua caliente. Actualmente, se está investigando la manera de obtener energía aprovechando las elevadas temperaturas del magma, aunque por ahora esto comporta demasiados problemas técnicos.

Los suelos destruidos como consecuencia de las erupciones volcánicas se regeneran a gran velocidad, adquiriendo entonces un alto grado de fertilidad. Ello es debido a que las rocas volcánicas están compuestas por una gran cantidad de elementos que, bajo los efectos del agua, se disuelven, convirtiéndose en nutrientes para el crecimiento de las plantas.

En muchas regiones también se aprovechan para la agricultura estructuras volcánicas como calderas y cráteres, para concentrar el agua y proteger los cultivos del viento.

Con estas características son típicos los jardines mexicanos, que aprovechan las depresiones volcánicas, así como las hoyas canarias, pequeñas excavaciones en forma de media luna donde las plantas crecen protegidas del efecto desecante del viento. Para disminuir la evaporación del agua del suelo se extiende lapilli sobre su superficie, para, de este modo, compensar la gran escasez de agua, como ocurre en Lanzarote.

Tras una erupción volcánica, el suelo que circunda un volcán se vuelve muy fértil debido a la gran riqueza en nutrientes de las rocas volcánicas. Las calderas y cráteres de los volcanes también son aprovechados para la agricultura.

El comportamiento de los volcanes: un acertijo

Debido a su fertilidad, las regiones volcánicas figuran entre las más pobladas de la Tierra. Ello ha provocado que en los últimos 2.000 años hayan muerto más de un millón de personas por causa de erupciones volcánicas. Los volcanes más mortíferos han resultado ser los que habían permanecido en reposo durante mucho tiempo, debido a que la población de sus alrededores estaba desprevenida.

Las regiones volcánicas se encuentran entre las zonas más pobladas del planeta debido a su gran fertilidad. Ello ha obligado a situar en ellas observatorios vulcanológicos para intentar predecir posibles erupciones y poder evitar consecuencias catastróficas.

Los científicos han establecido estaciones de observación vulcanológica en muchas áreas pobladas cercanas a volcanes activos con el fin de medir la actividad de éstos. Por otro lado, se investigan los documentos históricos relativos a sus erupciones, y los depósitos volcánicos por ellas formados. Con todos estos datos se intenta pronosticar cuándo volverán a avivarse estos volcanes.

Los observatorios vulcanológicos llevan a cabo, con aparatos de alta sensibilidad, registros constantes de los temblores volcánicos, de la deformación de la superficie del suelo, de la temperatura y la composición de las fumarolas o los lagos, ubicados en las calderas y, en general, de todos los cambios que pueden producirse en los volcanes.

Predicción de la extensión de la colada de barro

Armero

Río Magdalena

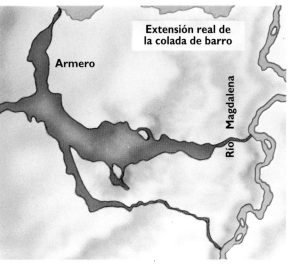

Extensión real de la colada de barro

Armero

Río Magdalena

En 1983, el volcán **Colo,** situado en una pequeña isla de Indonesia, entró en actividad. Basándose en sus comportamientos anteriores, los geólogos aconsejaron desalojar la zona. Pocos días después de la evacuación, ardientes coladas piroclásticas arrasaban la isla; con todo, para entonces, sus 7.000 habitantes se hallaban ya en lugar seguro.

Otro pronóstico acertado se realizó en la ciudad de **Armero,** en Colombia, en 1984. Cuando en el mes de diciembre el **Nevado del Ruiz** entró en actividad, los vulcanólogos advirtieron del peligro que corría la ciudad, al hallarse ésta sobre una colada de barro. Sin embargo, las autoridades no elaboraron los planes de actuación necesarios, y ello provocó que al año siguiente 22.000 personas quedasen sepultadas.

Las medidas de protección frente a las erupciones volcánicas son de dos tipos: las **medidas pasivas,** que consisten sobre todo en la evacuación, y las **medidas activas,** que incluyen el establecimiento de fosas y barreras para desviar las coladas, y la construcción de túneles de vaciado en las calderas para evitar el desbordamiento de los lagos de lava.

Dos ejemplos de predicción vulcanológica acertada fueron el del volcán Colo, en Indonesia, en 1983, y el del Nevado del Ruiz, en Colombia, en 1984.

Volcanes extraterrestres

Los volcanes y las rocas volcánicas no sólo están presentes en la Tierra, sino que constituyen rasgos característicos de la mayoría de los planetas y satélites del sistema solar estudiados hasta la fecha.

En la observación de los planetas del sistema solar, se han encontrado formas relacionadas con el vulcanismo. Así, por ejemplo, en Marte se han detectado enormes volcanes y en la Luna se han encontrado grandes coladas de lava.

En **Marte,** se han observado enormes volcanes y extensos campos de lava. El mayor de los volcanes de este planeta es el Olimpus Mons, de 25 km de altura y 600 km de diámetro. En su caldera, que cuenta con un diámetro de 80 km, cabría la ciudad de Los Ángeles y sus alrededores. Se supone que su última erupción tuvo lugar hace unos 200 millones de años.

En la **Luna**, el vulcanismo tuvo una gran importancia en tiempos remotos. Los mares lunares son grandes cuencas que fueron rellenadas con coladas de lava basáltica hace unos 3.000 ó 4.000 millones de años. Dichas coladas debieron de ser muy fluidas, ya que llegan a medir decenas de kilómetros de ancho y centenares de kilómetros de largo.

Por lo que respecta a **Venus,** otro de nuestros planetas vecinos, las pruebas de su actividad volcánica son indirectas, ya que resulta imposible observar directamente este planeta, debido a la densa atmósfera que lo rodea. A través de radares se han realizado mapas de su superficie, reconociéndose en ella formas de relieve que parecen estar relacionadas con procesos volcánicos. Además, del análisis de los gases de su atmósfera se desprende la posibilidad de que antes de 1978 se hubiesen producido emanaciones gaseosas procedentes de algún volcán. Por otro lado, en este planeta se han detectado posibles relámpagos, que, al igual que en la Tierra, podrían ser debidos a nubes turbulentas de cenizas.

En nuestro otro planeta vecino, Venus, ha sido bastante difícil, hasta el momento, detectar la presencia de volcanes, por causa de su espesa atmósfera. En cuanto a Ío, el satélite más cercano a Júpiter, es el cuerpo celeste conocido con mayor actividad volcánica.

Ío, el satélite más cercano a Júpiter, con un tamaño similar al de la Luna, es el cuerpo celeste del sistema solar donde se ha detectado mayor actividad volcánica. Cuando el satélite artificial *Voyager* tomó fotografías de él, en 1979, se identificaron 1.200 calderas. Además, se observaron ocho penachos compuestos de gases y partículas que alcanzaban los 300 km de altura.

A la búsqueda de los volcanes

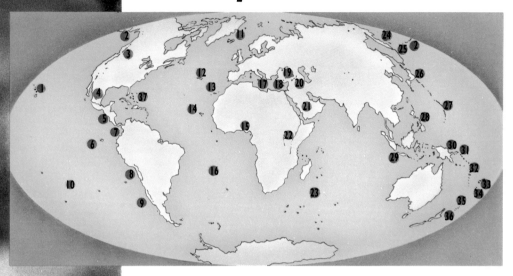

1. Islas Hawai	18. Grecia
2. Alaska	19. Turquía
3. Cordillera de las	20. Irán
Cascadas	21. Oriente Medio
4. México	22. África Oriental
5. América Central	23. Océano Índico
6. Islas Galápagos	24. Kamchatka
7. Colombia y	25. Islas Kuriles
Ecuador	26. Japón
8. Perú y Bolivia	27. Islas Marianas
9. Chile	28. Islas Filipinas
10. Pacífico	29. Indonesia
Meridional	30. Papúa Nueva
11. Islandia	Guinea
12. Islas Azores	31. Islas Salomón
13. Islas Canarias	32. Nuevas
14. Islas de Cabo	Hébridas
Verde	33. Samoa
15. Camerún	34. Islas Tonga
16. Atlántico	35. Islas Kermadec
meridional	36. Nueva Zelanda
17. Italia	37. El Caribe

Cómo se distribuyen los volcanes

La mayoría de los volcanes se hallan situados en zonas muy determinadas y casi siempre en áreas montañosas. Para ver cómo están distribuidas las zonas volcánicas en la Tierra, calca en papel vegetal todos los puntos que indican volcanes del mapa de distribución anterior y luego pon el papel encima del mapa topográfico que encontrarás a continuación, donde se observan las zonas de contacto entre las principales placas de la corteza terrestre.

La región de nuestro planeta que presenta un vulcanismo más acentuado es la que comprende las costas del océano Pacífico; a todo este conjunto de volcanes se le ha dado el nombre de "cinturón de fuego del Pacífico". Otra zona importante de vulcanismo activo o extinguido es la del mar Mediterráneo. Ambas zonas volcánicas se hallan situadas en regiones que en sus fases orogénicas[*] experimentaron intensos plegamientos.
Existen otras zonas volcánicas, en áreas de tensión de los bloques continentales, donde hay grandes fracturas que delimitan fosas tectónicas[*]. Por último, se pueden observar centros activos aislados en áreas oceánicas.

Construye «tu» volcán

Basándote en el mapa topográfico de la zona volcánica más cercana a donde te encuentres o, en su defecto, en el de cualquier otra región en la que estés especialmente interesado, puedes construir la maqueta de tu volcán. Elige, de la zona en cuestión, uno de sus volcanes, el que prefieras, y traslada sus curvas de nivel a una plancha de corcho, dibujándolas por separado. Luego recorta en la plancha los distintos círculos resultantes y pégalos ordenadamente unos encima de otros. Ya tienes esbozado tu volcán. A continuación, para perfeccionar y ampliar tu maqueta, y tomando como referencia las distintas ilustraciones que aparecen en el presente libro, decora tu volcán según si deseas que se encuentre en erupción o, por el contrario, en reposo o extinguido, rodeándolo, en este último caso, por ejemplo, de campos de cultivo, pueblos o ciudades, etc.

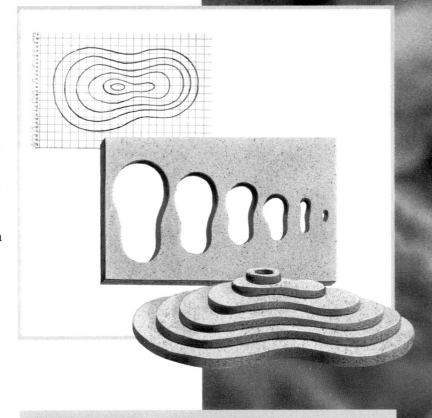

Pangea, un continente hecho pedazos

Intenta reconstruir el continente original a partir del cual, según el geofísico alemán Alfred Wegener, se formaron los continentes actuales. Para ello, dibuja un mapamundi y recorta los continentes siguiendo sus costas, intentando, luego, unirlos entre sí como si se tratara de las piezas de un rompecabezas. Ten en cuenta que el encaje entre continentes sería más perfecto si en ellos incluyeras sus plataformas continentales*, es decir, las áreas periféricas situadas bajo el mar.

GLOSARIO

Corteza oceánica.
Parte de la corteza
terrestre que se
encuentra bajo los
océanos.
Normalmente tiene un
espesor mucho más
reducido que la
corteza continental y
está formada por
materiales distintos.

Corteza terrestre.
Capa superficial de la
Tierra, cuyo grosor
puede variar
considerablemente
según esté localizada
bajo el océano
(corteza oceánica) o
en los continentes
(corteza continental).
Se considera que tiene
un espesor medio de
33 km.

Derrubios. Conjunto
de tierra o piedras
que, procedente de
lugares elevados, cae y
se acumula en zonas
deprimidas.

Domo. Bóveda de lava
solidificada que arquea
el terreno.

Dorsal oceánica.
Alineación montañosa
elevada unos 2.000
ó 3.000 m sobre la
profundidad media de
los fondos oceánicos.
En estas dorsales se
generan abundantes
movimientos sísmicos.

Estratosfera. Capa
de la atmósfera situada
entre 12 y 50 km de
altitud. Se caracteriza
por su gran humedad y
por el hecho de que,
en ella, la temperatura
aumenta con la altitud.
En esta capa se
encuentra la
ozonosfera, una zona
rica en ozono (O_3), el
cual absorbe la
radiación ultravioleta
del Sol, perjudicial para
la vida en la Tierra.

Fosa tectónica. Depresión grande y alargada, hundida entre dos fallas por efecto de fuerzas internas.

Litosfera. Parte externa sólida del planeta, en contraste con la hidrosfera y la atmósfera.

Magma. Rocas en estado de fusión debido a las altas temperaturas existentes a las profundidades donde se encuentran. En griego magma significa «ungüento, pasta».

Manto. Capa intermedia de la Tierra, dispuesta inmediatamente debajo de la corteza terrestre y encima del núcleo. Tiene cerca de 2.900 km de espesor.

Orogénesis. Conjunto de fenómenos debido a los cuales se generan las montañas y cordilleras.

Plataforma continental. Superficie del fondo marino, de relieve suave, con una profundidad máxima de 200 m, que bordea los continentes. Su anchura media oscila de 80 a 100 km.

Precipitación. Reacción por la cual una sustancia disuelta en un líquido se separa de éste como consecuencia de un cambio físico o químico.

Tsunami. Gran ola marina generada por un maremoto o una explosión volcánica. Avanza a gran velocidad y recorre distancias de miles de kilómetros. Uno de los tsunamis conocidos más importantes fue el provocado por la explosión, en 1883, del volcán de la isla de Krakatoa.

Viscosidad. Resistencia que ofrecen todos los fluidos, y algunos sólidos, a cambiar su forma bajo la acción de fuerzas externas.

Volátil. Se dice de la sustancia que se volatiliza, es decir, que se transforma en vapor o gas.

Vulcanólogo. Geólogo especializado en el estudio de los fenómenos volcánicos.

FOURTEEN DAY LOAN

Five cents will be charged for each day book is kept
overtime. Absence does not excuse payment of fine.

DATE DUE

SEP 8 0 2003
FEB 1 0 2004
OCT 1 8 2004

52.240